NOTICE-GÉNÉALOGIQUE

SUR LA FAMILLE

GARNIER DES GARETS.

NOTICE GÉNÉALOGIQUE

SUR

LA FAMILLE GARNIER DES GARETS

PAR

M.-C GUIGUE

Archiviste-paléographe.

———

TRÉVOUX
IMPRIMERIE DE J.-C. DAMOUR.
1861.

GARNIER

SEIGNEURS DES GARETS, ARS, COLOMBIER, MONS,
COMTES DE BEREINS.

Cette ancienne famille, originaire probablement de la Bourgogne (1),
apparaît dans le Beaujolais, vers le milieu du xvᵉ siècle, en la personne
de

PIERRE GARNIER, vivant en 1459, qui laissa pour fils et héritier

---

(1) Pierre, Jean, Mathieu et François Garnier, qui acquirent a la même epoque la terre des Garets,
portaient le surnom de Bourguignon, et on trouve aux archives de la Côte-d'Or plusieurs gentilshommes
du nom de Garnier, mentionnés dans des montres de gens d'armes, notamment dans celles datées des
2 septembre 1410, 28 mai 1414, août 1417, 4 août 1451, 10 septembre 1472, etc.

JEAN GARNIER, bourgeois et échevin de Villefranche, en 1509, père de

1° JEANNE,

2° ANNE,   déjà mariées en 1523;

3° ANTHONIE,

4°. FRANÇOIS, qui suit;

5° MATHIEU, marié avec Claudine de la Bessée, fille de N... de la Bessée, et d'Ysâbeau Bellièvre, dont il eut: 1° JEAN GARNIER; 2° GEORGES, baptisé le 27 décembre 1532; 3° FRANÇOISE, le 23 février 1533; 4° YSABEAU, le 1er novembre 1543. — Noble Jean Garnier, fils aîné de Mathieu, épousa Jeanne de Louvat. De leur mariage vinrent les enfants suivants : 1° NICOLAS, baptisé le 19 septembre 1581; 2° FRANÇOIS, tenu sur les fonts baptismaux, le 31 mai 1582, par noble François Garnier, seigneur des Garets, et Emeraude de Tourvéon; 3° CLAUDINE, baptisée le 17 janvier 1585; 4° CLAUDE, le 8 mars 1586; 5° JEANNE, le 27 mai 1587; 6° LOUISE; 7° ANGE, nommé au baptême par Nicolas de Langes, seigneur de Laval, président en la sénéchaussée et présidial de Lyon; ses marraines furent Charlotte de Champier et Lucrèce Le Gourd.

FRANÇOIS GARNIER, Ier du nom, échevin de Villefranche en 1524, épousa, par contrat passé devant Michel Baraillon, notaire royal à Lyon, le 4 octobre 1526, Emeraude de Tourvéon, fille de noble Jacques de Tourvéon, seigneur de la Tour, et de Sibille Buatier, dont il eut

FRANÇOIS, IIe du nom, qui suit;

Et Sibille, mariée le 12 mai 1564, par contrat passé devant Cirieu, notaire royal à Lyon, avec noble Jehan de Guillien, depuis conseiller et garde des sceaux pour le roi en la ville, sénéchaussée et siège présidial de Lyon, fils de noble Michel de Guillien, et d'Antoinette Salla.

FRANÇOIS GARNIER, IIᵉ du nom, écuyer, seigneur des Garets, capitaine de Villefranche, reçut de son père, par préciput, le 19 août 1548, la terre des Garets, près Villefranche. Le 6 juillet 1592, il transigea sur procès avec David de Cléberg, fils de Jean Cléberg, si connu depuis sous le nom du *Bon Allemand,* ou de *l'Homme de la Roche,* qui lui céda pour le tiers de Lucrèce Le Gourd, son épouse, tout le droit à lui appartenant en la seigneurie d'Ars, Grange-Machard, les Grandes-Maisons et moulins de Sainte-Euphémie. Au mois de septembre 1595, il obtint d'Henri IV des lettres patentes en forme de charte, par lesquelles le roi, en considération des services que François Garnier, capitaine de Villefranche, lui avait rendus depuis 20 ans, ordonne que lédit François tiendra, de lui en fief, à l'avenir, la maison noble des Garets, et lui en fera foi et hommage (1). François Garnier avait épousé, par contrat passé devant

----

(1) Voici le texte de ces lettres-patentes :

« Henry, par la grâce de Dieu, roy de France et de Navarre, à tous présents et à venir salut Notre cher et bien amé François Garnier, capitaine de notre ville de Villefranche en Beaujolois, nous a fait remontrer que de longtemps ses prédécesseurs et lui auroient fait batir une maison basse accompagnée de quatre tournelles, en la parroisse de Beligny, audit pays, au lieu appellé Garests, lequel lieu est noble et auquel aucun seigneur n'a droit de directe ou censive, nous appartenant la haute justice de la dille paroisse, à laquelle maison qu'il a nommée et baptisée des Garets, à cause qu'elle y est située et en une belle pleine près la rivière de Sñône, il a joint de bonnes rentes et plusieurs heritages consistant en prairies, bois et terres aussi allodiaux et francs de toutes censives, rentes et redevances, à quelques seigneurs que ce soit, au moyen de

Poillechat, notaire royal à Dijon, le 15 juillet 1567, Lucrèce le Gourd, fille de noble Claude le Gourd, et de Mathurine de la Forge, dame de Chaillouvres et d'Ars. De ce mariage vinrent :

1° JEAN, baptisé le 16 octobre 1570 ;

---

quoi il desireroit volontiers la tenir de nous en fief et nous en faire foi et hommage, si tel est notre bon plaisir, à la charge de contribuer au ban et arrière-ban dudit pays toutes fois et quantes qu'il nous plaira le convoquer, et tout ainsi que font les autres tenant fief et arrière-fief audit pays, nous suppliant et requérant tres-humblement lui octroyer nos lettres pour ce necessaires, — Sçavoir faisons que nous inclinant liberalement à la suplication et requête du dit Garnier, desirant le gratifier en cet endroit en faveur et contemplation meme des bons, agréables et continuels services qu'il nous a faits depuis vingt ans et fait encore journellement, à la conservation de notre ville de Villefranche en notre obeissance, meritant bien d'être reconnu en plus grande chose que celle-ci qui ne tend qu'a l'augmentation de notre domaine, — De l'avis de notre conseil, avons declaré et ordonné, declarons et ordonnons, voulons et nous plait que dorenavant, perpetuellement et a toujours, ledit Garnier et ses hoirs successeurs et ayant cause tiennent ladite maison des Garets en fief de nous et nos successeurs roys, et nous fasse la foy et hommage accoutumés en tel cas, a la charge toutefois de contribuer par ledit Garnier, ses hoirs successeurs et tenanciers de ladite maison, a nos bans et arrière-bans, ainsi que les autres tenant fief et arrière-fief, quand il nous plaira le convoquer et que autre seigneur que nous n'y ait intérêt, et pour la decoration de ladite maison, conservation d'icelle et de sa personne etant eloignée de voisins, lui avons permis et permettons, de notre grâce spéciale, pleine puissance et autorité royale, qu'il puisse et lui soit loisible y faire fosses et pont-levis, sans y faire fortifications qui puissent préjudicier a notre service. — Si donnons en mandement a notre bailli du Beaujolois ou son lieutenant-géneral audit bailliage, et aux présidents et clus et à tous autres nos justiciers et officiers qu'il appartiendra, que faisant jouir et user ledit Garnier de nos présents permission, vouloir, intention, et du contenu ci-dessus, et appellé notre procureur, il reçoive le dit Garnier a nous faire la foi et hommage à cause de sa dite maison des Garets, et en ce faisant a bailler et mettre par-devant lui, en notre chambre du tresor au dit pays, l'aveu et declaration desdits maisons et heritages qui en dépendent et y joints, annexes et conjoints ensemble, de la valeur et revenu d'iceux, pour selon icelle contribuer à l'avenir a nos bans et arrière-bans dudit pays, avec les autres y tenant fiefs, quand il nous plaira le convoquer, sans souffrir ou permettre qu'il lui soit fait ou donné aucun trouble ou empêchement au contraire, et ce nonobstant opposition ou appellation quelconques, pour lesquelles et sans préjudice d'icelles, ne voulons être différé, nonobstant aussi quelconques édits, ordonnances, mandements, défenses et lettres à ce contraires. Car tel

2° EMERAUDE, le 10 août 1578 ;

3° JEAN, le 11 décembre 1579 ;

4° ALEXANDRE, qui suit ;

5° JEAN, baptisé le 25 octobre 1587 ;

6° FRANÇOIS GARNIER, écuyer, seigneur des Garets, baptisé le 27 décembre 1589. Il reçut en partage la terre des Garets, le 3 décembre 1617. Il fut gentilhomme de la reine mère. Il se signala en plusieurs occasions, entr'autres au Pont de Cé, en 1620, où il eut un cheval tué sous lui d'un coup de pique, et à l'île de Rhé, où il entra des premiers et poussa avec vigueur les ennemis qui y furent défaits. Ce fut lui qui fut désigné pour aller chercher à Rome le chapeau de cardinal, pour M. de Richelieu. Le 20 avril 1648, il fit un testament olographe déposé le même jour en l'étude de Bellehache, notaire à Paris, par lequel il institua héritier Alexandre, son frère aîné.

ALEXANDRE DE GARNIER, écuyer, seigneur des Garets, d'Ars et de Colombier, naquit à Villefranche, au mois de juin 1582. Il fut tenu sur les fonts baptismaux par Alexandre de Ponceton, bailli de Beaujolais, et par Émeraude de Tourvéon, sa grand'-mère. Il eut en partage la terre de Colombier, sise en la paroisse de Saint-Julien, et la seigneurie d'Ars en Dombes, par acte en date du 3 décembre 1617, passé à Villefranche,

---

est notre plaisir, et afin que ce soit chose ferme et stable à toujours, nous avons fait mettre notre scel a cesdites présentes, sauf en autre chose notre droit et l'autrui en toutes. Donné à Lyon, au mois de septembre, l'an de grâce mil cinq cent quatre-vingt-quinze et de notre règne le septième. Signe Henry. — Et sur le repli : Par le roy, signé Deneufville. — Visa contentor, signé Devertori.

devant Claude Aynez, notaire royal, entre lui et François, son frère. Il
fut d'abord gendarme de la compagnie du duc de Bellegarde, puis capitaine d'infanterie au régiment de Saint-Hernier. Le 17 janvier 1606, il fut
pourvu de la charge d'écuyer de la grande écurie du roi. En 1621, il était
gentilhomme de sa chambre. Il est qualifié gentilhomme de la reine,
mère du roi, envoyé par Sa Majesté vers le roi et la reine de la Grande-
Bretagne, dans un passeport que lui donna à Londres, le 26 juillet 1630,
le marquis de Fontenay, conseiller au conseil d'Etat du roi, et son ambas-
sadeur en Angleterre. Alexandre de Garnier fit son testament le 4 avril
1654. Il avait épousé, par contrat passé le 24 septembre 1618, devant
Jacques Jaquet, notaire royal à Mâcon, Anne de Busseul, fille de Laurent
de Busseul, chevalier, baron de Corselle, seigneur de Saint-Sernin et
d'Escole, et de Diane d'Amanzé. Leurs enfants furent :

1° LÉONOR, qui suit ;

2° MARGUERITE, religieuse au couvent de Sainte-Ursule, de Mâcon ;

3° FRANÇOIS DE GARNIER, chevalier, seigneur de Mons, comte de Bereins.
Son père lui légua, par son testament, 40,000 livres pour sa part. Le
26 mars 1658, il acquit de Pierre de Corsant, le comté de Bereins. Il fut
maintenu dans sa noblesse par ordonnance de M. Bouchu, maître des
requêtes, intendant de Bourgogne et Bresse, rendue à Dijon le 20 juin
1670, sur la production des titres justificatifs, entr'autres du contrat de
mariage de noble François Garnier, Ier du nom, avec Emeraude de Tourvéon. Il testa le 2 et fut enterré le 8 septembre 1704, dans l'église de
Bereins. Il avait épousé, le 24 février 1665, par contrat passé devant
Rovat, notaire royal à Lyon, Claudine de Varennes de Rapetout, fille de
Jean de Varennes, seigneur de Rapetout et de Gletteins, et de Catherine

d'Harsy, dont il laissa trois filles mortes sans avoir été mariées, et un fils, JEAN DE GARNIER, chevalier, comte de Bereins, seigneur de Mons, qui testa le 18 mai 1740. Jean de Garnier fut marié et laissa deux enfants, 1° CLAUDINE DE GARNIER, 2° BARTHÉLEMY DE GARNIER, seigneur de Mons, qui, mourant sans enfant, institua pour héritier Éléonor de Garnier des Garets, seigneur du Colombier, lieutenant-colonel au régiment de Bourbonnais.

LÉONOR DE GARNIER, chevalier, seigneur des Garets, d'Ars et de Colombier. Il rendit foi et hommage à Monsieur, duc d'Orléans, sire et baron de Beaujeu, le 20 septembre 1694, pour ses seigneuries des Garets et de Colombier. Son testament est daté du 19 août 1747. Il fut marié deux fois : la première, le 1er février 1668, avec Marie de Thélis, fille de Jacques de Thélis, chevalier, seigneur et baron de Chambost, Chastel, etc., président et trésorier général de France en la généralité de Lyon, et de dame Marie Picquet ; la deuxième, avec Suzanne de Treyve. Il ne laissa des enfants que du premier lit :

1° Louis, qui suit ;

2° JEAN, qui fit la branche des seigneurs d'Ars ;

3° BARTHÉLEMY DE GARNIER, chevalier, qui fut marié et laissa pour héritière FRANÇOISE-CATHERINE DE GARNIER, sa fille, mariée, par contrat du 28 décembre 1763, à Gaspard de Seyssel, seigneur de la Tour de Chavornay en Bugey, capitaine d'infanterie, major des milices de Bresse, chevalier de Saint-Louis, etc., fils de Jacques de Seyssel, et de Catherine de Montluel.

LOUIS DE GARNIER, chevalier, seigneur du Perthuy, Colombier, etc., naquit en 1683. Il fut d'abord capitaine au régiment de Champagne-infanterie, puis major dans celui des Hayes. Il eut en partage la seigneurie de Colombier, par la transaction qu'il fit avec Jean de Garnier, chevalier, seigneur d'Ars, et Barthélemy de Garnier, chevalier, ses frères, le 20 janvier 1718. Il rendit foi et hommage au duc d'Orléans, pour son fief de Colombier, les 2 mars 1727 et 1er avril 1758. Il avait épousé, le 15 septembre 1714, par contrat passé devant Barthel, notaire royal à Thionville, demoiselle Marie-Françoise George de la Grange, fille de François George de la Grange, chevalier, seigneur de la Grange, Meilbourg, des Iles, Macquenon, etc., conseiller du roi, lieutenant général d'épée au bailliage de Thionville, colonel et maire perpétuel de ladite ville, et de dame Marie de Limpach. De ce mariage sont issus :

1° ELÉONOR, qui suit ;

2° BARTHÉLEMY, qui fit une branche rapportée ci-après ;

3° NICOLAS DE GARNIER DU PERTHUI, chevalier, capitaine au régiment de Bourbonnais-infanterie, chevalier de Saint-Louis. Il perdit un bras à la bataille de Warbourg, où il fut fait prisonnier. Retiré du service, il épousa mademoiselle de la Grange, sa cousine. Il mourut sans enfant, en 1802 ;

4° JEAN-CLAUDE, prieur claustral de Savigny ;

5° MARIE-FRANÇOISE ;

6° LOUISE-FRANÇOISE, mariée en 1748, avec Jean-Louis, marquis de

Foudras - Courcenay, chevalier, seigneur de Mardore, la Chapelle, la Grelle, Chantois, etc., capitaine au régiment de Provence, fils aîné de Joseph de Foudras, chevalier, seigneur de Beaulieu, etc., capitaine au régiment de Leink, infanterie allemande, et chevalier de Saint-Louis, et de Marguerite de la Mure ;

7° MARIE-ANNE, religieuse au couvent de Salles;

8° JEAN-LOUIS, mort jeune ;

9° ANGÉLIQUE;

10° LOUIS-MARIE.

ÉLÉONOR DE GARNIER DES GARETS, appelé le Comte de Garnier, chevalier, seigneur de Colombier, naquit le 17 août 1715. Il fut reçu page de la reine le 5 novembre 1731, sur les preuves de sa noblesse; puis nommé successivement enseigne en 1733, lieutenant en 1734, capitaine au régiment de Bourbonnais-infanterie, en 1741, chevalier de Saint-Louis en 1747, major en 1753, commandant de bataillon en 1761, lieutenant-colonel du même régiment de Bourbonnais en 1763, enfin maréchal des camps et armées du roi et commandant de la citadelle de Strasbourg. Il fut blessé à l'attaque des retranchements du col de l'Assiette. A Warbourg, il eut un cheval tué sous lui et sauva une division de l'armée. Le 6 mai 1766, par fondé de procuration, il rendit foi et hommage au duc d'Orléans pour son fief de Colombier et les rentes nobles qui en dépendaient. Il testa le 6 novembre 1784 et mourut à Dijon, le 18 décembre suivant. Il avait épousé, en 1769, mademoiselle Catherine-Josèphe de Godefroy, fille de Jean - Baptiste Achille, seigneur de

Maillard, et de demoiselle Alexandrine de Zouche, fille d'Alexandre de Zouche, marquis de la Lande, chevalier de Saint-Louis, commandant à Arras, dont il eut :

1° ALEXANDRE-EMMANUEL-JOSEPH DE GARNIER, chevalier, né le 17 avril 1773, mort à l'armée de Condé ;

2° DENIS-FÉLICITÉ, qui suit ; -

3° MARIE-LOUISE-JOSÉPHINE, née le 10 décembre 1770, décédée en 1848, veuve de M. Jean-Baptiste Dareste de Sacconay, qu'elle avait épousé le 25 juillet 1796.

DENIS-FÉLICITÉ DE GARNIER DES GARETS recueillit la succession de son frère. Il fut nommé sous-préfet et chevalier de la Légion-d'Honneur par S. M. Louis XVIII. De Mademoiselle Jeanne Dareste de Sacconay, qu'il épousa le 26 ventôse an V, il eut sept enfants :

1° NICOLAS-CHARLES, né le 19 frimaire an VI, mort le 24 frimaire an VII :

2° CLAUDE-PROSPER, né le 19 novembre 1799, marié à mademoiselle Laure-Justine-Françoise du Colombier, fille de M. César du Colombier et de mademoiselle Aimée de Corbeau de Vausserre, en Dauphiné ;

3° DENIS-JULES, né le 20 nivôse an X, mort le 23 brumaire an XI ;

4° PIERRE-VICTOR, né le 10 juillet 1803, mort lieutenant de vaisseau, à Toulon, en 1831 ;

5° JEAN-MARGUERITE-FÉLIX, né le 18 octobre 1805, marié à mademoiselle Lemeau de Talancé, fille de M. Lemeau de Talancé et de mademoiselle Pauline de Sirvinge ;

6° FRANÇOIS-JEAN-MARIE, né le 9 juillet 1808, marié à mademoiselle de Franclieu, fille de M. le baron de Franclieu et de mademoiselle d'Erard ;

7° EDME-LOUIS-BRUNO-SEPTIME, né le 14 avril 1811, marié à mademoiselle Cladie Carron, fille de M. Carran et de madame Julie Fantet ;

Branche des seigneurs d'Ars.

JEAN DE GARNIER, chevalier, seigneur d'Ars et des Garets, deuxième fils de Léonor de Garnier, et de Marie de Thélis, eut la seigneurie d'Ars, par acte de cession de son père, le 2 août 1714, passé devant Bracquier, notaire à Trévoux, et le fief des Garets par transaction en forme de partage faite avec Louis et Barthélemy de Garnier, ses frères, le 20 janvier 1718, devant Tournier, notaire royal à Villefranche. Dans son testament fait le 28 janvier 1723, il élit sa sépulture en la paroisse d'Ars, et institue son héritière universelle Marie-Anne Guichard, son épouse, à la charge de nourrir, élever et entretenir ses enfants qui pourront naître de sa grossesse, suivant leur condition. Il mourut le lendemain 29, fut présenté le 30 en l'église collégiale de Saint-Symphorien de Trévoux et inhumé le même jour en la paroisse d'Ars. Il avait épousé, par contrat du 6 février 1722 (célébration le 8 du même mois, en l'église d'Ars), Marie-

Anne Guichard, fille de Laurent Guichard, écuyer, conseiller au parlement de Dombes, et de Marie de Lapraye. Restant veuve à 20 ans, Marie-Anne Guichard sollicita et obtint des lettres de bénéfice d'âge, le 1er février 1723, pour avoir l'administration du revenu de ses biens. Quelques jours après l'obtention de ces lettres, elle accoucha de

JEAN-LOUIS DE GARNIER, chevalier, seigneur d'Ars et des Garets, qui fut reçu page de la reine le 2 août 1735, sur les preuves de sa noblesse faites devant M. d'Hozier, juge d'armes de France ; puis sous-lieutenant au régiment des Gardes Françaises et chevalier de Saint-Louis, à 22 ans, pour actions d'éclat et blessures graves. Le 25 septembre 1759, il fit son testament militaire à la rade de Dunkerque, à bord de la frégate le *Maréchal-de-Belle-Isle*, et fut tué, le 28 février 1760, par un boulet, sur le vaisseau qu'il montait, dans un combat livré dans les mers d'Irlande par le capitaine Tureau. Il avait épousé, le 9 juin 1753, Colombe-Madeleine du Pré de Saint-Maur, fille de Pierre du Pre de Saint-Maur, chevalier, conseiller honoraire au parlement de Paris, et de Marie-Madeleine Bellanger, dont il a laissé :

1° LOUIS-MARIE, qui suit ;

2° FRANÇOIS DE GARNIER, chevalier, appelé le Vicomte d'Ars, né le 19 et baptisé le 20 octobre 1758, chevalier de Saint-Louis, capitaine de dragons au régiment de Penthièvre. Il mourut en 1830, sans laisser d'enfant de mademoiselle de Bondy, son épouse ;

3° MARIE-ANNE-COLOMBE DE GARNIER D'ARS, née et baptisée le 30 juin 1754, en la paroisse d'Ars, morte sans avoir été mariée, le 25 décembre 1832.

, LOUIS-MARIE DE GARNIER, chevalier, appelé le Marquis d'Ars, seigneur d'Ars et des Garets, né le 4 et baptisé le 5 février 1757, fut lieutenant de vaisseau, puis chevalier de Saint-Louis. Il mourut sans avoir été marié. Dans une lettre datée de Toulon, le 5 décembre 1776, M. de Suffren écrivait à sa mère : « Vostre fils est né pour estre marin....... Si l'état que j'ai embrassé ne m'avoit pas fait renoncer au doux nom de père, je desirerois fort avoir un fils semblable au vostre. »

Branche formée par Barthélemy de Garnier.

BARTHÉLEMY DE GARNIER DES GARETS, chevalier, deuxième fils de Louis de Garnier du Perthuy et de dame Marie-Françoise George de la Grange, naquit au château de Colombier, paroisse de Saint-Julien, en Beaujollais, le 20 avril 1720. Il fut d'abord lieutenant (1738), puis capitaine (12 mars 1745) au régiment de Bourbonnais-infanterie, enfin chevalier de l'ordre royal et militaire de Saint-Louis (1751). Il reçut une blessure à Warbourg, en 1760, et tomba au pouvoir de l'ennemi. Il quitta le service en 1763 et mourut à Tain, le 31 mai 1775. Il avait épousé, le 11 novembre 1769, Antoinette de Guillermain, fille de Jean-Baptiste de Guillermain, chevalier, seigneur du Colombier, et de Marie Bouthier de Rochefort dont il eut :

1° MARIE-ÉLÉONOR, qui suit ;

2° GUILLAUME-MARIE, prêtre de la congrégation de Saint-Sulpice, mort à Montréal (Canada), le 10 octobre 1802 ;

3° ANTOINE-FRANÇOIS, né le 30 janvier 1773, grand vicaire et supérieur du grand séminaire d'Angers, mort le 12 janvier 1848.

MARIE-ÉLÉONOR DE GARNIER DES GARETS, chevalier, né le 19 septembre 1770, fut élève du roi aux écoles militaires de Tournon et de Paris, d'où il sortit sous-lieutenant au régiment de Bourbonnais, en 1788. Il fut créé chevalier de Saint-Louis en 1816, et mourut le 5 février 1855. De mademoiselle Marie-Thérèse Lemeau de Talancé, qu'il avait épousée le 5 brumaire an V, fille de Louis-Charles Lemeau de Talancé, et de dame Marie-Jeanne Carra de Vaux, il laissa :

1° NICOLAS, né le 6 février 1798, prêtre chanoine de la métropole de Lyon ;

2° LOUIS-ANTOINE-JOSEPH DE GARNIER, né le 10 octobre 1801, marié, 1° le 10 janvier 1824, à mademoiselle Marie-Amélie Lyautey de Colombe, fille d'Alexandre Lyautey de Colombe et de madame Adèle Arnoux d'Epernay ; 2° le 6 février 1828, à mademoiselle Gabriélle d'Euvrard de Courtenay, fille d'Henri-Abel d'Euvrard de Courtenay, et de madame Anne-Joséphine de Nantes d'Avignonet ; 3° à mademoiselle Élisa de Bar.

Enfants du premier lit :

1° LAURENT-ANTOINE-LÉON, né le 27 mars 1825, capitaine au 1er régiment de cuirassiers, marié le 18 février 1857, à mademoiselle Isabelle des Roches de Lonchamp, fille de M. Léon des Roches de Lonchamp, et de madame Célanire Bédoz ;

2° MARIE, morte à l'âge de 8 ans ;

Enfants du deuxième lit :

3° NICOLAS-JOSEPH, né le 31 octobre 1828, prêtre ;

4° ALPHONSE-BRUNO, né le 15 janvier 1830, lieutenant au 97e régiment de ligne ;

5° FRANÇOIS-EUGÈNE, né le 21 septembre 1831.